The Big Hat: Short Stories in French for Beginners

Artici Bilingual Books

Published by Artici Bilingual Books, 2024.

While every precaution has been taken in the preparation of this book, the publisher assumes no responsibility for errors or omissions, or for damages resulting from the use of the information contained herein.

THE BIG HAT: SHORT STORIES IN FRENCH FOR BEGINNERS

First edition. April 24, 2024.

ISBN: 979-8224603336

Written by Artici Bilingual Books.

Table of Contents

Le Grand Chapeau

Dans un petit village niché au milieu des collines de France, vivait une femme nommée Marie. Marie était connue pour beaucoup de choses, mais surtout pour son grand chapeau. C'était un chapeau si grand qu'il semblait avoir sa propre vie, ondulant et se balançant à chaque pas qu'elle faisait.

Chaque matin, Marie se réveillait tôt et plaçait soigneusement son grand chapeau sur sa tête. C'était son compagnon, son bouclier contre le soleil, et sa déclaration au monde. Avec son grand chapeau en place, Marie se promenait dans le village, saluant ses voisins d'un sourire chaleureux et d'un amical "Bonjour !"

Un jour ensoleillé, alors que Marie se rendait au marché, elle remarqua une agitation sur la place du village. Un groupe d'enfants s'était rassemblé autour de quelque chose, les yeux grands ouverts de curiosité. Marie, toujours aussi curieuse, se dirigea vers eux pour voir de quoi il retournait. Au centre de la foule se tenait un homme grand avec un cheval magnifique. Mais ce n'était pas le cheval qui avait captivé l'attention de tout le monde, c'était le chapeau de l'homme. Il était encore plus grand que celui de Marie, orné de plumes et de rubans qui dansaient dans la brise.

Marie ne put s'empêcher de pousser un soupir d'admiration en voyant ça. Elle n'avait jamais vu un chapeau si majestueux auparavant ! Les enfants applaudirent et acclamèrent, admirant l'impressionnant couvre-chef de l'homme.

Alors que l'homme et son cheval continuaient leur chemin, Marie ne pouvait pas chasser l'image du grand chapeau de son esprit. Elle avait toujours pensé que son chapeau était le plus grand et le plus beau, mais maintenant elle n'en était plus si sûre.

Déterminée à récupérer son titre de propriétaire du plus grand chapeau du village, Marie se lança dans une quête. Elle chercha partout, visitant chaque chapellerie de la ville, mais aucun des chapeaux qu'elle trouva ne pouvait rivaliser avec celui qu'elle avait vu sur la place.

Juste au moment où Marie commençait à perdre espoir, elle tomba sur une petite boutique cachée dans une ruelle tranquille. À l'intérieur, elle trouva le chapeau le plus magnifique qu'elle n'avait jamais vu. Il était encore plus grand et plus extravagant que celui que l'homme avait porté ! Le cœur battant d'excitation, Marie acheta le chapeau et se dépêcha de rentrer chez elle pour le montrer à ses voisins. Alors qu'elle paradait dans le village avec son nouveau chapeau, elle ne put s'empêcher de ressentir un sentiment de fierté l'envahir.

À partir de ce jour-là, Marie fut une fois de plus connue comme la propriétaire du plus grand chapeau du village. Mais plus important encore, elle apprit que la vraie beauté ne se mesure pas à la taille de son chapeau, mais à la joie qu'il apporte à ceux qui le portent. Et avec son grand chapeau sur la tête, Marie était la femme la plus heureuse de toute la France.

The Big Hat

In a small village nestled amidst the rolling hills of France, there lived a woman named Marie. Marie was known for many things, but above all, she was known for her big hat. It was a hat so large that it seemed to have a life of its own, swaying and bobbing with every step she took.

Every morning, Marie would wake up early and carefully place her big hat upon her head. It was her companion, her shield against the sun, and her statement to the world. With her big hat in place, Marie would stroll through the village, greeting her neighbors with a warm smile and a friendly "Bonjour!"

One sunny day, as Marie was making her way to the market, she noticed a commotion in the town square. A group of children had gathered around something, their eyes wide with curiosity. Marie, ever the curious one herself, made her way over to see what the fuss was about.

There, in the center of the crowd, stood a tall man with a magnificent horse. But it wasn't the horse that had captured everyone's attention—it was the man's hat. It was even bigger than Marie's, adorned with feathers and ribbons that danced in the breeze.

Marie couldn't help but gasp at the sight. She had never seen a hat so grand before! The children cheered and clapped, marveling at the man's impressive headgear.

As the man and his horse continued on their way, Marie couldn't shake the image of the big hat from her mind. She had always thought her hat was the biggest and most beautiful, but now she wasn't so sure.

Determined to reclaim her title as the owner of the biggest hat in the village, Marie set out on a quest. She searched high and low, visiting every hat shop in town, but none of the hats she found could compare to the one she had seen in the square.

Just when Marie was beginning to lose hope, she stumbled upon a small shop tucked away in a quiet alley. Inside, she found the most magnificent hat she had ever laid eyes on. It was even bigger and more extravagant than the one the man had worn!

With her heart racing with excitement, Marie purchased the hat and hurried home to show it off to her neighbors. As she paraded through the village wearing her new hat, she couldn't help but feel a sense of pride wash over her.

From that day on, Marie was once again known as the owner of the biggest hat in the village. But more importantly, she learned that true beauty isn't measured by the size of one's hat, but by the joy it brings to those who wear it. And with her big hat atop her head, Marie was the happiest woman in all of France.

Pommes

Dans un village pittoresque au cœur de la France, niché entre des champs verdoyants luxuriants et des rivières sinueuses, vivait une jeune fille nommée Sophie. Sophie était une rêveuse, avec un cœur plein de curiosité et un esprit vagabondant comme les nuages dans le ciel.

Chaque matin, Sophie se réveillait au doux gazouillis des oiseaux devant sa fenêtre. Elle s'étirait et bâillait, sentant la chaleur du soleil filtrer à travers les rideaux. Et puis, avec un sourire aux lèvres, elle sautait du lit, impatiente d'explorer les merveilles qui l'attendaient dans le monde extérieur.

Un jour, alors que Sophie se promenait dans le village, elle découvrit un petit verger caché derrière une rangée de maisons. Les arbres étaient lourds de fruits mûrs, leurs branches s'affaissant jusqu'au sol. Les yeux de Sophie s'élargirent d'émerveillement en contemplant la richesse qui s'offrait à elle.

Les pommes pendaient aux branches comme des joyaux, leurs couleurs vives ressortant sur le fond des feuilles vertes. Sophie n'avait jamais rien vu d'aussi beau de toute sa vie. Sans hésiter, elle tendit la main et cueillit une pomme d'un arbre voisin, en enfonçant ses dents dans sa chair juteuse.

Le goût était différent de tout ce que Sophie avait jamais connu. C'était doux et acidulé, avec une pointe de croustillant qui dansait sur sa langue. Elle ferma les yeux et savoura l'instant, sentant le jus couler le long de son menton.

À partir de ce jour-là, Sophie visita le verger chaque matin, impatiente de goûter à ses délicieux fruits. Elle passait des heures à errer parmi les arbres, cueillant des pommes à sa guise. Et à chaque bouchée, elle ressentait une joie et une satisfaction la submerger.

Mais au fur et à mesure que les jours passaient, Sophie commença à remarquer quelque chose d'étrange. Peu importe le nombre de pommes qu'elle cueillait, le verger ne semblait jamais s'épuiser. Les arbres restaient aussi généreux que jamais, leurs branches chargées de fruits.

Au début, Sophie était ravie de cette réserve de fruits inépuisable. Mais bientôt, elle commença à ressentir un sentiment de malaise. D'où venaient toutes ces pommes ? Et pourquoi étaient-elles inépuisables ?

Déterminée à résoudre le mystère, Sophie se mit en quête de découvrir la vérité. Elle chercha partout, demandant à tous dans le village s'ils savaient quelque chose sur le verger magique. Mais personne ne put lui donner de réponse claire.

Frustrée et perplexe, Sophie retourna au verger, espérant trouver un indice qui lui permettrait de démêler le mystère. Et c'est là qu'elle le vit — une petite pancarte dissimulée dans un coin du verger, presque cachée à la vue.

"Propriété du Verger Enchanté", lisait-on en écriture élégante. Les yeux de Sophie s'élargirent d'émerveillement. Le verger était enchanté ! Tout s'expliquait — la réserve inépuisable de fruits, le goût magique qui persistait sur sa langue.

Avec un nouveau sens de l'émerveillement, Sophie continua de visiter le verger chaque matin, reconnaissante pour le don qu'il lui avait offert. Et tandis qu'elle errait parmi les arbres, cueillant des pommes à sa guise, elle savait qu'elle n'oublierait jamais la magie du Verger Enchanté.

In a quaint village in the heart of France, nestled between lush green fields and winding rivers, there lived a young girl named Sophie. Sophie was a dreamer, with a heart full of curiosity and a mind that wandered like the clouds in the sky.

Every morning, Sophie would wake up to the gentle chirping of birds outside her window. She would stretch and yawn, feeling the warmth of the sunlight filtering through the curtains. And then, with a smile on her face, she would leap out of bed, eager to explore the wonders that awaited her in the world outside.

One day, as Sophie was wandering through the village, she stumbled upon a small orchard tucked away behind a row of houses. The trees were heavy with ripe fruit, their branches drooping low to the ground. Sophie's eyes widened with wonder as she gazed upon the bounty before her.

Apples hung from the branches like jewels, their colors vibrant against the backdrop of green leaves. Sophie had never seen anything so beautiful in all her life. Without hesitation, she reached out and plucked an apple from a nearby tree, sinking her teeth into its juicy flesh.

The taste was unlike anything Sophie had ever experienced. It was sweet and tart, with a hint of crispness that danced on her tongue. She closed her eyes and savored the moment, feeling the juice dribble down her chin.

From that day on, Sophie visited the orchard every morning, eager to sample its delicious fruits. She would spend hours wandering among the trees, picking apples to her heart's content. And with each bite, she felt a sense of joy and contentment wash over her.

But as the days turned into weeks, Sophie began to notice something strange. No matter how many apples she picked, the orchard never seemed to run out. The trees remained as bountiful as ever, their branches heavy with fruit.

At first, Sophie was delighted by the endless supply of fruit. But soon, she began to feel a sense of unease. Where were all these apples coming from? And why were they never-ending?

Determined to solve the mystery, Sophie set out to uncover the truth. She searched high and low, asking everyone in the village if they knew anything about the magical orchard. But no one could give her a straight answer.

Frustrated and perplexed, Sophie returned to the orchard, hoping to find some clue that would unravel the mystery. And that's when she saw it—a small sign tucked away in the corner of the orchard, almost hidden from view.

"Property of the Enchanted Orchard," the sign read in elegant script. Sophie's eyes widened with wonder. The orchard was enchanted! It explained everything—the never-ending supply of fruit, the magical taste that lingered on her tongue.

With a newfound sense of awe and wonder, Sophie continued to visit the orchard every morning, grateful for the gift it had bestowed upon her. And as she wandered among the trees, picking apples to her heart's content, she knew that she would never forget the magic of the Enchanted Orchard.

La Professeure

Dans un petit village niché parmi les collines vallonnées de France, vivait une enseignante nommée Madame Elise. Madame Elise était une femme d'une grande gentillesse et patience, avec une passion pour partager le savoir et la sagesse avec ses élèves.

Chaque matin, Madame Elise se rendait à l'école du village, un bâtiment pittoresque avec de la vigne grimpant sur ses murs et un clocher qui tintait dans la brise. Elle ouvrait les portes, arrangeait les pupitres et se préparait pour une nouvelle journée d'enseignement.

La classe de Madame Elise était un havre d'apprentissage, remplie de livres, de cartes et de posters colorés qui ornaient les murs. Mais plus que tout, elle était remplie des visages enthousiastes de ses élèves, chacun désireux d'absorber le savoir qu'elle avait à leur transmettre.

Un jour, alors que Madame Elise se préparait pour ses leçons, elle reçut la visite d'un visiteur. C'était un jeune garçon nommé Pierre, avec des cheveux ébouriffés et un sourire timide. Pierre venait de déménager au village avec sa famille, et il était impatient de commencer l'école.

Madame Elise accueillit Pierre à bras ouverts, sentant la curiosité et le potentiel en lui. Dès ce jour-là, Pierre devint un élément régulier de la classe de Madame Elise, absorbant chaque leçon avec enthousiasme et dévouement.

Au fil des jours, l'amour de Pierre pour l'apprentissage ne fit que grandir. Il arrivait tôt à l'école, désireux de plonger dans ses études, et restait tard le soir, plongé dans les livres et résolvant des équations complexes.

Madame Elise observait avec fierté Pierre s'épanouir en un élève brillant et talentueux. Elle pouvait voir l'étincelle de curiosité dans ses yeux, la soif de savoir qui le poussait en avant. Et elle savait qu'il était destiné à la grandeur.

Mais à mesure que les talents de Pierre s'épanouissaient, ses ambitions aussi. Il rêvait de quitter le village derrière lui, de s'aventurer dans le monde pour chercher sa fortune et se faire un nom. Et aussi fort qu'elle essayait, Madame Elise ne pouvait pas le dissuader de son chemin.

À la veille du départ de Pierre, Madame Elise l'appela dans sa classe pour une dernière leçon. Elle le fit asseoir à son pupitre, une expression solennelle sur le visage, et lui parla du fond du cœur.

"Mon cher Pierre," dit-elle, sa voix douce mais ferme, "rappelle-toi que le savoir est un cadeau, mais la sagesse s'acquiert à travers l'expérience. En tant que tu t'aventures dans le monde, n'oublie jamais les leçons que tu as apprises ici dans cette classe. Et souviens-toi que peu importe où la vie peut te mener, tu auras toujours un foyer ici dans ce village."

Pierre écouta attentivement les paroles de Madame Elise, les yeux brillants d'émotion. Il savait qu'il allait beaucoup lui manquer, mais il savait aussi qu'il devait suivre ses rêves.

Le cœur lourd, Pierre dit au revoir à Madame Elise et à l'école du village, partant en voyage avec détermination et courage. Et bien qu'il voyageât loin et largement, découvrant les merveilles du monde et réalisant de grands succès, il n'oublia jamais les leçons qu'il avait apprises de sa chère enseignante.

Les années passèrent, et les aventures de Pierre le menèrent dans des contrées lointaines et des endroits exotiques. Mais peu importe où il allait, il emportait toujours avec lui la sagesse et les conseils de Madame Elise, l'enseignante qui avait façonné sa vie de plus de façons qu'il ne pouvait l'imaginer.

Et en regardant en arrière sur son voyage, Pierre savait qu'il devait tout à la femme qui avait cru en lui dès le début - l'enseignante qui lui avait montré le vrai pouvoir du savoir et les possibilités infinies qui s'offraient à lui.

The Teacher

In a small village nestled among the rolling hills of France, there lived a teacher named Madame Elise. Madame Elise was a woman of great kindness and patience, with a passion for sharing knowledge and wisdom with her students.

Every morning, Madame Elise would make her way to the village school, a quaint building with ivy climbing up its walls and a bell tower that chimed in the breeze. She would unlock the doors, straighten the desks, and prepare for another day of teaching.

Madame Elise's classroom was a haven of learning, filled with books, maps, and colorful posters that adorned the walls. But more than anything, it was filled with the eager faces of her students, each one eager to soak up the knowledge she had to impart.

One day, as Madame Elise was preparing for her lessons, she received a visitor. It was a young boy named Pierre, with tousled hair and a shy smile. Pierre had recently moved to the village with his family, and he was eager to start school.

Madame Elise welcomed Pierre with open arms, sensing the curiosity and potential within him. From that day on, Pierre became a regular fixture in Madame Elise's classroom, soaking up every lesson with enthusiasm and dedication.

As the days turned into weeks, Pierre's love for learning only grew stronger. He would arrive early to school, eager to dive into his studies, and stay late into the evening, poring over books and solving complex equations.

Madame Elise watched with pride as Pierre blossomed into a bright and talented student. She could see the spark of curiosity in his eyes, the hunger for knowledge that drove him forward. And she knew that he was destined for greatness.

But as Pierre's talents flourished, so too did his ambitions. He dreamed of leaving the village behind, of venturing out into the world to seek his fortune and make a name for himself. And try as she might, Madame Elise could not dissuade him from his path.

On the eve of Pierre's departure, Madame Elise called him into her classroom for one final lesson. She sat him down at his desk, a solemn expression on her face, and spoke to him from the heart.

"My dear Pierre," she said, her voice soft but firm, "remember that knowledge is a gift, but wisdom is earned through experience. As you venture out into the world, never forget the lessons you have learned here in this classroom. And remember that no matter where life may take you, you will always have a home here in this village."

Pierre listened intently to Madame Elise's words, his eyes shining with emotion. He knew that he would miss her dearly, but he also knew that he had to follow his dreams.

With a heavy heart, Pierre bid farewell to Madame Elise and the village school, setting out on his journey with determination and courage. And though he traveled far and wide, experiencing the wonders of the world and achieving great success, he never forgot the lessons he had learned from his beloved teacher.

Years passed, and Pierre's adventures took him to distant lands and exotic locales. But no matter where he went, he always carried with him the wisdom and guidance of Madame Elise, the teacher who had shaped his life in more ways than he could ever imagine.

And as he looked back on his journey, Pierre knew that he owed it all to the woman who had believed in him from the very beginning—the teacher who had shown him the true power of knowledge and the boundless possibilities that lay ahead.

Le Croissant Vert

Dans la trépidante ville de Paris, se trouvait une petite boulangerie nichée dans une rue pavée. Elle était dirigée par un boulanger au cœur généreux nommé Monsieur Jacques. Monsieur Jacques était connu de tous pour ses délicieuses pâtisseries, des croissants feuilletés aux éclairs crémeux.

Mais il y avait une pâtisserie qui distinguait la boulangerie de Monsieur Jacques de toutes les autres : le croissant vert. C'était une vision singulière, avec sa couleur verte éclatante et sa forme unique. Et pourtant, malgré son apparence inhabituelle, c'était la pâtisserie la plus populaire de tout Paris.

Chaque matin, les habitants de la ville faisaient la queue devant la boulangerie de Monsieur Jacques, impatients de mettre la main sur l'un de ses fameux croissants verts. Ils attendaient patiemment tandis que Monsieur Jacques préparait lot après lot, remplissant l'air de l'arôme alléchant des pâtisseries fraîchement sorties du four.

Mais peu de gens savaient qu'il y avait un ingrédient secret qui rendait les croissants verts de Monsieur Jacques si spéciaux. C'était une herbe rare que Monsieur Jacques avait découverte poussant à la campagne - une herbe aux propriétés magiques qui donnait aux croissants leur couleur et leur saveur distinctives.

Monsieur Jacques gardait jalousement son secret, sachant que si la nouvelle se répandait, tout le monde voudrait connaître la recette de ses croissants verts. Et ainsi, il travaillait sans relâche dans sa boulangerie jour et nuit, perfectionnant son art et régalant ses clients à chaque bouchée délicieuse.

Un jour, alors que Monsieur Jacques était occupé à cuire ses croissants verts, il reçut la visite inattendue d'une jeune fille espiègle nommée Amélie, aux yeux brillants et au sourire curieux.

Amélie avait entendu des rumeurs sur les croissants verts de Monsieur Jacques et était déterminée à découvrir la vérité. Alors, elle se faufila dans la boulangerie lorsque Monsieur Jacques ne regardait pas et se cacha derrière une pile de sacs de farine, attendant son opportunité pour découvrir l'ingrédient secret.

Mais en regardant Monsieur Jacques travailler sa magie dans la cuisine, Amélie ne put s'empêcher de ressentir un pincement de culpabilité. Elle savait qu'elle faisait quelque chose de mal, mais sa curiosité était plus forte.

Juste au moment où elle s'apprêtait à sortir discrètement de la boulangerie, Monsieur Jacques l'aperçut du coin de l'œil. Il s'approcha d'elle avec une expression sévère, mais ses yeux pétillaient d'amusement.

"Eh bien, que avons-nous là ?" dit-il, sa voix douce mais ferme. "Essayes-tu de me voler ma recette secrète, jeune fille ?"

Amélie baissa la tête, honteuse, incapable de soutenir le regard de Monsieur Jacques. Elle avait été prise la main dans le sac et elle savait qu'elle méritait d'être punie.

Mais à sa grande surprise, Monsieur Jacques ne la réprimanda pas ni ne la chassa. Au lieu de cela, il l'installa à une table et lui offrit un croissant vert fraîchement sorti du four.

"Allez, essaye," dit-il, sa voix douce mais encourageante. "Tu pourrais être surprise par ce que tu découvriras."

Amélie hésita un instant, incertaine de mériter une telle gentillesse après ses méfaits. Mais elle ne put résister à l'arôme tentant du croissant vert, alors elle le prit et en mordit une bouchée prudente.

À sa grande stupéfaction, le croissant était différent de tout ce qu'elle avait jamais goûté auparavant. Il était beurré et feuilleté, avec une pointe de douceur qui dansait sur sa langue. Et tandis qu'elle mâchait, elle sentit une chaleur se répandre dans tout son corps, la remplissant d'un sentiment de joie et de contentement.

Monsieur Jacques regardait Amélie avec un sourire alors qu'elle savourait le croissant, sachant qu'elle avait découvert la magie dans ses plis verts. Et à ce moment-là, il réalisa que parfois, les plus grands secrets sont destinés à être partagés.

Dès ce jour-là, Amélie devint une visiteuse régulière de la boulangerie de Monsieur Jacques, l'aidant à cuire ses célèbres croissants verts et répandant la joie à tous ceux qui les goûtaient. Et quant à l'ingrédient secret ? Eh bien, Monsieur Jacques décida que certains secrets sont meilleurs lorsqu'ils sont partagés avec ceux qui les apprécient le plus.

The Green Croissant

In the bustling city of Paris, there was a little bakery tucked away on a cobblestone street. It was owned by a kind-hearted baker named Monsieur Jacques. Monsieur Jacques was known far and wide for his delicious pastries, from flaky croissants to creamy éclairs.

But there was one pastry that set Monsieur Jacques' bakery apart from all the rest—the green croissant. It was a peculiar sight, with its vibrant green color and unique shape. And yet, despite its unusual appearance, it was the most popular pastry in all of Paris.

Every morning, the people of the city would line up outside Monsieur Jacques' bakery, eager to get their hands on one of his famous green croissants. They would wait patiently as Monsieur Jacques baked batch after batch, filling the air with the mouth-watering aroma of freshly baked pastries.

But little did the people know, there was a secret ingredient that made Monsieur Jacques' green croissants so special. It was a rare herb that Monsieur Jacques had discovered growing in the countryside—a herb with magical properties that gave the croissants their distinctive color and flavor.

Monsieur Jacques guarded his secret closely, knowing that if word got out, everyone would want to know the recipe for his green croissants. And so, he toiled away in his bakery day and night, perfecting his craft and delighting his customers with each delicious bite.

One day, as Monsieur Jacques was busy baking his green croissants, he received an unexpected visitor. It was a mischievous little girl named Amelie, with bright eyes and a curious smile.

Amelie had heard rumors about Monsieur Jacques' green croissants and she was determined to find out the truth. So, she snuck into the bakery when Monsieur Jacques wasn't looking and hid behind a stack of flour sacks, waiting for her chance to uncover the secret ingredient.

But as she watched Monsieur Jacques work his magic in the kitchen, Amelie couldn't help but feel a pang of guilt. She knew she was doing something wrong, but her curiosity got the better of her.

Just as she was about to sneak out of the bakery, Monsieur Jacques caught sight of her out of the corner of his eye. He approached her with a stern expression, but his eyes twinkled with amusement.

"Well, well, what do we have here?" he said, his voice gentle but firm. "Are you trying to steal my secret recipe, young lady?"

Amelie hung her head in shame, unable to meet Monsieur Jacques' gaze. She had been caught red-handed and she knew she deserved to be punished.

But much to her surprise, Monsieur Jacques didn't scold her or chase her away. Instead, he sat her down at a table and offered her a freshly baked green croissant.

"Go on, try it," he said, his voice soft but encouraging. "You might just be surprised by what you find."

Amelie hesitated for a moment, unsure if she deserved such kindness after her misdeeds. But she couldn't resist the tantalizing aroma of the green croissant, so she picked it up and took a cautious bite.

To her amazement, the croissant was unlike anything she had ever tasted before. It was buttery and flaky, with a hint of sweetness that danced on her tongue. And as she chewed, she felt a warmth spreading through her body, filling her with a sense of joy and contentment.

Monsieur Jacques watched with a smile as Amelie savored the croissant, knowing that she had discovered the magic within its green folds. And in that moment, he realized that sometimes, the greatest secrets are meant to be shared.

From that day on, Amelie became a regular visitor to Monsieur Jacques' bakery, helping him bake his famous green croissants and spreading joy to all who tasted them. And as for the secret ingredient? Well, Monsieur

Jacques decided that some secrets are best shared with those who appreciate them most.

Deux Horloges

Dans un village confortable de la campagne française, niché parmi les champs de lavande et les vignobles, se dressait une jolie petite maison. Et dans cette maison vivait une veuve âgée nommée Madame Louise. Madame Louise était une femme de routine et de tradition, ses journées marquées par le tic-tac de deux horloges — l'une sur la cheminée et l'autre sur le mur.

Chaque matin, Madame Louise se réveillait avec les premières lueurs de l'aube, son corps raide et ses articulations endolories par des années de labeur. Mais elle ne laissait pas son âge la ralentir. Avec un esprit déterminé, elle se levait de son lit, les douces couvertures de laine tombant doucement par terre, et entreprenait ses tâches quotidiennes.

La première chose que Madame Louise faisait chaque matin était de remonter les deux horloges — celle sur la cheminée et celle sur le mur. Elle tournait soigneusement la clé en laiton, ressentant la résistance familière des engrenages alors qu'ils cliquetaient et s'animaient. Et en écoutant le tic-tac rythmique des horloges, elle ressentait un sentiment de réconfort l'envahir, comme si elles étaient de vieilles amies lui tenant compagnie dans le silence du matin.

Les horloges remontées et battant, Madame Louise entreprenait ses corvées. Elle s'occupait de son jardin, arrachant les mauvaises herbes et taillant les roses, ses mains tachées de terre et son front perlant de sueur. Elle balayait les sols et époussetait les meubles, ses mouvements lents et délibérés, comme si chaque tâche était une méditation en soi.

Mais au milieu de la routine de sa vie quotidienne, Madame Louise aspirait à quelque chose de plus — un lien, un but, un sentiment d'appartenance. Car voyez-vous, Madame Louise vivait seule depuis que son mari était décédé il y a de nombreuses années, la laissant se débrouiller seule dans un monde qui semblait l'avoir oubliée.

Et ainsi, chaque soir lorsque le soleil se couchait sous l'horizon et que le ciel prenait des teintes de rose et d'or, Madame Louise s'asseyait près de la fenêtre et regardait le monde au-delà. Elle observait les villageois s'affairer à leurs affaires, leur rire et leur bavardage flottant dans l'air comme de la musique à ses oreilles. Et elle se demandait ce que ça serait de faire partie de tout ça — d'avoir des amis et des voisins avec qui partager ses journées, de rire et de pleurer et de vieillir ensemble.

Mais aussi fort qu'elle essayait, Madame Louise ne pouvait jamais rassembler le courage de tendre la main aux villageois, de combler le fossé qui semblait la séparer du reste du monde. Et ainsi, elle resta seule dans sa maison, ses seuls compagnons le tic-tac des deux horloges et les souvenirs des jours passés.

Mais un jour, alors que Madame Louise s'occupait de son jardin, elle entendit un son faible flotter dans l'air — un son qu'elle n'avait pas entendu depuis de nombreuses années. C'était le son du rire, qui résonnait de la place du village, se mêlant au doux parfum des fleurs et au léger bruissement des feuilles dans la brise.

Intriguée, Madame Louise posa sa truelle et se dirigea vers la place du village, son cœur battant d'excitation. Et là, rassemblés sous l'ombre d'un grand chêne, elle vit un groupe d'enfants jouer et se poursuivre en cercles, leur rire résonnant comme des cloches au vent.

Madame Louise observa avec un sourire les enfants rire et jouer, leur joie contagieuse et leur esprit léger. Et à cet instant, elle sentit une étincelle quelque part au fond d'elle-même — un désir, un ancrage, une envie de se joindre à leur gaieté et de faire partie de leur monde.

Rassemblant tout son courage, Madame Louise s'approcha des enfants et se présenta avec un sourire timide. À sa grande surprise et à sa grande joie, les enfants l'accueillirent à bras ouverts, désireux de l'inclure dans leurs jeux et leurs aventures.

Et tandis que les jours se transformaient en semaines, la maison de Madame Louise devint un centre d'activité, remplie de rires et de bavardages et du son des voix d'enfants résonnant dans les couloirs. Les deux horloges sur la cheminée et sur le mur continuaient à battre, marquant le passage du temps alors que Madame Louise embrassait son nouveau sentiment d'appartenance.

Car voyez-vous, parfois il suffit d'un moment de courage et d'un saut dans l'inconnu pour combler le fossé entre la solitude et la connexion — pour transformer deux horloges qui tic-tac en le cœur battant d'une communauté remplie d'amour et de rires.

Two Clocks

In a cozy village in the French countryside, nestled amidst fields of lavender and vineyards, there stood a quaint little cottage. And in this cottage lived an elderly widow named Madame Louise. Madame Louise was a woman of routine and tradition, her days marked by the ticking of two clocks—one on the mantelpiece and the other on the wall.

Every morning, Madame Louise would wake with the first light of dawn, her body stiff and her joints achy from years of toil. But she would not let her age slow her down. With a determined spirit, she would rise from her bed, the soft woolen blankets falling gently to the floor, and set about her daily tasks.

The first thing Madame Louise would do each morning was wind the two clocks—one on the mantelpiece and the other on the wall. She would carefully turn the brass key, feeling the familiar resistance of the gears as they clicked and whirred into motion. And as she listened to the rhythmic ticking of the clocks, she would feel a sense of comfort wash over her, as if they were old friends keeping her company in the stillness of the morning.

With the clocks wound and ticking away, Madame Louise would set about her chores. She would tend to her garden, pulling weeds and pruning roses, her hands stained with earth and her brow glistening with sweat. She would sweep the floors and dust the furniture, her movements slow and deliberate, as if each task were a meditation in itself.

But amidst the routine of her daily life, Madame Louise longed for something more—a connection, a purpose, a sense of belonging. For you see, Madame Louise had lived alone ever since her husband had passed away many years ago, leaving her to fend for herself in a world that seemed to have forgotten her.

And so, every evening as the sun dipped below the horizon and the sky turned shades of pink and gold, Madame Louise would sit by the window and gaze out at the world beyond. She would watch as the villagers bustled about their business, their laughter and chatter drifting through the air like music to her ears. And she would wonder what it would be like to be a part of it all—to have friends and neighbors to share her days with, to laugh and cry and grow old together.

But try as she might, Madame Louise could never muster the courage to reach out to the villagers, to bridge the gap that seemed to separate her from the rest of the world. And so, she remained alone in her cottage, her only companions the ticking of the two clocks and the memories of days gone by.

But one day, as Madame Louise was tending to her garden, she heard a faint sound drifting through the air—a sound she had not heard in many years. It was the sound of laughter, echoing from the village square, mingling with the sweet scent of flowers and the gentle rustle of leaves in the breeze.

Intrigued, Madame Louise set down her trowel and made her way to the village square, her heart pounding with excitement. And there, gathered beneath the shade of a towering oak tree, she saw a group of children playing games and chasing each other in circles, their laughter ringing out like bells on the wind.

Madame Louise watched with a smile as the children laughed and played, their joy infectious and their spirits light. And in that moment, she felt a spark of something deep within her—a longing, a yearning, a desire to join in their merriment and be a part of their world.

Summoning all her courage, Madame Louise approached the children and introduced herself with a shy smile. To her surprise and delight, the children welcomed her with open arms, eager to include her in their games and adventures.

And as the days turned into weeks, Madame Louise's cottage became a hub of activity, filled with laughter and chatter and the sound of children's voices echoing through the halls. The two clocks on the mantelpiece and the wall continued to tick away, marking the passage of time as Madame Louise embraced her newfound sense of belonging.

For you see, sometimes all it takes is a moment of courage and a leap of faith to bridge the gap between loneliness and connection—to turn two ticking clocks into the beating heart of a community filled with love and laughter.

La Balade à Vélo

Dans un village pittoresque niché dans la campagne française, vivait une jeune fille nommée Camille. Camille était une âme curieuse, avec un amour pour l'aventure et une soif de découverte. Elle passait ses journées à explorer les ruelles sinueuses et les sentiers cachés qui parcouraient le village, son vélo étant son fidèle compagnon.

Chaque matin, Camille se réveillait avec les premières lueurs de l'aube, son cœur rempli d'excitation pour la journée à venir. Elle sautait hors du lit, impatiente de se lancer dans sa prochaine aventure, et se rendait à la cuisine où sa mère préparait le petit-déjeuner.

"Bonjour, ma chérie," disait sa mère avec un sourire chaleureux lorsque Camille entrait dans la pièce. "Es-tu prête pour une autre journée d'exploration ?"

"Oui, maman !" répondait Camille, les yeux pétillants d'anticipation. "J'ai hâte de voir quelles aventures m'attendent aujourd'hui !"

Avec un copieux petit-déjeuner de croissants chauds et de jus d'orange fraîchement pressé dans le ventre, Camille attrapait son vélo et partait dans le village, le soleil du matin jetant une lueur dorée sur les rues pavées. L'endroit préféré de Camille à explorer était le vieux vignoble aux abords du village. C'était une vaste étendue de vignes vertes luxuriantes et de murs de pierre en ruine, avec des rangées de raisins s'étendant à perte de vue. Camille adorait parcourir son vélo à travers le vignoble, le vent fouettant ses cheveux tandis qu'elle pédalait furieusement sur les chemins étroits.

Un jour, alors que Camille pédalait à travers le vignoble, elle découvrit un sentier caché qu'elle n'avait jamais remarqué auparavant. Intriguée, elle suivit le sentier plus profondément dans le vignoble, son vélo rebondissant sur le sol inégal.

Alors qu'elle tournait un virage sur le sentier, les yeux de Camille s'élargirent d'émerveillement. Devant elle se dressait un magnifique château, ses tourelles s'élevant vers le ciel et ses fenêtres étincelant au soleil. C'était le plus beau spectacle que Camille ait jamais vu, et elle ne put résister à l'envie d'explorer plus en profondeur.

Laissant son vélo adossé à un arbre voisin, Camille s'approcha du château à pas prudents. La porte d'entrée grinça en s'ouvrant doucement alors qu'elle la poussait, révélant un grand hall bordé d'armures et de tapisseries représentant des scènes des siècles passés.

Camille erra dans le château, son cœur battant d'excitation alors qu'elle découvrait une merveille après l'autre. Elle explorait de grands salons de bal et des passages secrets, des jardins cachés et des bibliothèques poussiéreuses remplies de livres anciens.

Mais à mesure qu'elle s'enfonçait plus profondément dans le château, Camille commença à ressentir un sentiment de malaise. L'air se refroidissait, et les ombres semblaient s'allonger à chaque instant. Et puis, alors qu'elle tournait un coin, elle se retrouva face à face avec une vue qui lui glaça le sang : une figure fantomatique se tenait devant elle, ses yeux creux et sa voix résonnant dans les couloirs.

Terrifiée, Camille tourna les talons et s'enfuit du château, son cœur battant dans sa poitrine alors qu'elle courait vers la sécurité du village. Elle ne s'arrêta que lorsqu'elle atteignit sa propre porte d'entrée, où sa mère l'attendait à bras ouverts.

"Camille, ma chérie, que se passe-t-il ?" demanda sa mère, l'inquiétude se lisant sur son visage.

Hors d'haleine et tremblante, Camille raconta son aventure dans le vignoble et la rencontre avec la figure fantomatique dans le château. Sa mère écouta attentivement, le front plissé d'inquiétude.

"Ma chère Camille," dit sa mère, sa voix douce mais ferme, "il y a beaucoup de mystères dans ce monde, mais tous ne sont pas destinés à être résolus. Parfois, il vaut mieux laisser les choses en l'état et se concentrer sur la beauté qui nous entoure."

Camille hocha la tête, les yeux toujours écarquillés de peur. Elle savait que sa mère avait raison — que certains mystères valaient mieux rester sans réponse. Et pourtant, au fond d'elle-même, elle ne pouvait pas chasser le sentiment qu'il y avait encore plus à découvrir, plus d'aventures à vivre.

Le cœur lourd, Camille fit ses adieux au vignoble et au château, jurant de ne jamais retourner dans cet endroit hanté. Mais alors qu'elle pédalait sur son vélo à travers le village, le souvenir de son aventure restait dans son esprit, un rappel de la mince frontière entre la curiosité et le danger, entre l'exploration et la peur.

The Bicycle Ride

In a picturesque village nestled in the French countryside, there lived a young girl named Camille. Camille was a curious soul, with a love for adventure and a thirst for discovery. She spent her days exploring the winding lanes and hidden pathways that crisscrossed the village, her bicycle her trusty companion.

Every morning, Camille would wake up with the first light of dawn, her heart filled with excitement for the day ahead. She would hop out of bed, eager to embark on her next adventure, and make her way to the kitchen where her mother would be preparing breakfast.

"Bonjour, ma chérie," her mother would say with a warm smile as Camille entered the room. "Are you ready for another day of exploring?"

"Oui, maman!" Camille would reply, her eyes sparkling with anticipation. "I can't wait to see what adventures await me today!"

With a hearty breakfast of warm croissants and freshly squeezed orange juice in her belly, Camille would grab her bicycle and set off into the village, the morning sun casting a golden glow over the cobblestone streets.

Camille's favorite place to explore was the old vineyard on the outskirts of the village. It was a sprawling expanse of lush green vines and crumbling stone walls, with rows of grapes stretching as far as the eye could see. Camille loved to ride her bicycle through the vineyard, the wind whipping through her hair as she pedaled furiously down the narrow pathways.

One day, as Camille was cycling through the vineyard, she stumbled upon a hidden pathway that she had never noticed before. Intrigued, she followed the pathway deeper into the vineyard, her bicycle bouncing over the uneven ground.

As she rounded a bend in the pathway, Camille's eyes widened with wonder. Before her stood a magnificent chateau, its turrets reaching towards the sky and its windows sparkling in the sunlight. It was the most beautiful sight Camille had ever seen, and she couldn't resist the urge to explore further.

Leaving her bicycle leaning against a nearby tree, Camille approached the chateau with cautious steps. The front door creaked open as she pushed it gently, revealing a grand hallway lined with suits of armor and tapestries depicting scenes from centuries past.

Camille wandered through the chateau, her heart pounding with excitement as she discovered one marvel after another. She explored grand ballrooms and secret passageways, hidden gardens and dusty libraries filled with ancient books.

But as she wandered deeper into the chateau, Camille began to feel a sense of unease. The air grew colder, and the shadows seemed to grow longer with each passing moment. And then, as she rounded a corner, she came face to face with a sight that made her blood run cold—a ghostly figure standing before her, its eyes hollow and its voice echoing through the halls.

Terrified, Camille turned and fled from the chateau, her heart pounding in her chest as she raced back towards the safety of the village. She didn't stop until she reached her own front door, where her mother was waiting with open arms.

"Camille, ma chérie, what's wrong?" her mother asked, concern etched on her face.

Breathless and trembling, Camille recounted her adventure in the vineyard and the ghostly figure she had encountered in the chateau. Her mother listened intently, her brow furrowed with worry.

"My dear Camille," her mother said, her voice soft but firm, "there are many mysteries in this world, but not all of them are meant to be solved. Sometimes, it's best to leave well enough alone and focus on the beauty that surrounds us."

Camille nodded, her eyes still wide with fear. She knew that her mother was right—that some mysteries were best left unsolved. And yet, deep down, she couldn't shake the feeling that there was still more to discover, more adventures to be had.

With a heavy heart, Camille bid farewell to the vineyard and the chateau, vowing to never return to that haunted place again. But as she rode her bicycle through the village, the memory of her adventure lingered in her mind, a reminder of the thin line between curiosity and danger, between exploration and fear.

Le Secret de la Montagne Noire

Au cœur profond de la campagne française, niché parmi les pics imposants de la Montagne Noire, se dressait un château ancien enveloppé de mystère. C'était un lieu de légendes et de contes murmurés, où des secrets se tapissaient dans l'ombre et où les échos du passé résonnaient à travers les murs de pierre.

Le château était depuis longtemps abandonné, ses tourelles s'effondrant et ses créneaux envahis par le lierre. Mais malgré son état délabré, il conservait toujours une certaine séduction - un aimant pour ceux assez courageux pour s'aventurer dans ses profondeurs à la recherche d'aventure et de trésors.

Ainsi, c'est par une chaude journée d'été qu'un groupe d'explorateurs intrépides se mit en route pour démêler les secrets de la Montagne Noire. Parmi eux se trouvait une jeune femme nommée Sophie, aux cheveux roux flamboyants et à l'esprit aussi audacieux que les montagnes elles-mêmes.

Sophie avait entendu parler des trésors cachés du château, chuchotés par les villageois à voix basse autour de feux vacillants. Elle était déterminée à découvrir la vérité, à dévoiler les secrets enfouis sous les pierres anciennes du château.

Avec sa carte fidèle en main, Sophie guida ses compagnons à travers la dense forêt qui entourait le château, leurs pas étouffés par le doux tapis d'aiguilles de pin sous leurs pieds. À mesure qu'ils approchaient des murs du château, le cœur de Sophie s'accélérait d'excitation, son pouls résonnant dans ses oreilles.

Le château se dressait devant eux, sa silhouette sombre se découpant nettement contre le ciel azur. Mais Sophie était intrépide. Avec une détermination de fer, elle guida ses compagnons à travers le guichet en ruine et dans le cœur du château lui-même.

L'intérieur était un labyrinthe de couloirs sinueux et de chambres cachées, chacun plus traître que le précédent. Mais Sophie continua d'avancer, ses yeux scrutant les ombres à la recherche de tout signe des trésors qui se cachaient à l'intérieur.

Alors qu'ils exploraient le château, Sophie et ses compagnons rencontrèrent de nombreux obstacles - une porte verrouillée ici, un escalier effondré là. Mais rien ne pouvait entamer leur moral ou étancher leur soif d'aventure.

Et puis, juste au moment où ils commençaient à perdre espoir, ils tombèrent sur une chambre cachée dissimulée derrière un mur en ruine. C'était une petite pièce, remplie de toiles d'araignée et de poussière, mais au centre se dressait un piédestal de pierre, sur lequel reposait un coffre au trésor brillant.

Avec des mains tremblantes, Sophie s'approcha du coffre et souleva son couvercle, révélant une gamme étincelante de joyaux et d'or. C'était plus de trésor qu'elle n'avait jamais imaginé, de quoi réaliser ses rêves les plus fous.

Mais alors que Sophie s'apprêtait à réclamer son prix, une voix résonna dans la chambre - une voix du passé, prononçant des mots d'avertissement et de désespoir.

"Méfiez-vous, jeune voyageur," chuchota la voix, ses mots résonnant sur les murs de pierre. "Car avec un grand trésor vient un grand danger. Les secrets de la Montagne Noire ne doivent pas être pris à la légère, de peur que vous ne libériez des forces au-delà de votre contrôle."

Sophie hésita, sa main planant au-dessus du coffre au trésor. Elle savait que la voix disait la vérité - que les trésors de la Montagne Noire avaient un prix. Mais l'appât de la richesse et du pouvoir était trop fort pour résister.

Et ainsi, avec un éclat déterminé dans les yeux, Sophie plongea dans le coffre au trésor et commença à remplir ses poches de joyaux et d'or. Ses compagnons regardaient avec admiration alors qu'elle rassemblait les richesses, leurs yeux grands ouverts de cupidité et d'anticipation.

Mais alors que Sophie se tournait pour quitter la chambre, un grondement résonna à travers les murs du château, secouant le sol sous leurs pieds. Et puis, avec un rugissement assourdissant, le château commença à s'effondrer autour d'eux, ses fondations anciennes ne pouvant supporter le poids de leur cupidité.

Pris de panique, Sophie et ses compagnons se précipitèrent à travers les couloirs qui s'effondraient, évitant les débris qui tombaient et sautant par-dessus les gouffres béants qui s'ouvraient devant eux. Mais alors qu'ils atteignaient la sécurité des portes du château, un dernier tremblement secoua le sol, envoyant Sophie basculer au sol.

Alors qu'elle gisait là, meurtrie et battue, Sophie réalisa la folie de ses actions. Les trésors de la Montagne Noire n'étaient pas destinés à être pillés - ils étaient destinés à être protégés, à rester cachés aux yeux scrutateurs de ceux qui cherchaient à les exploiter pour leur propre profit.

Le cœur lourd, Sophie rassembla ses compagnons et s'enfuit du château qui s'effondrait, jurant de ne jamais revenir dans ses salles maudites. Et tandis qu'ils retrouvaient leur chemin à travers la forêt, les échos du passé murmuraient à leurs oreilles, un rappel des dangers qui se tapissaient dans l'ombre de la Montagne Noire.

The Secret of Montagne Noire

Deep in the heart of the French countryside, nestled among the towering peaks of the Montagne Noire, there stood an ancient castle shrouded in mystery. It was a place of legends and whispered tales, where secrets lurked in the shadows and echoes of the past reverberated through the stone walls.

The castle had long been abandoned, its turrets crumbling and its battlements overgrown with ivy. But despite its dilapidated state, it still held a certain allure—a magnet for those brave enough to venture into its depths in search of adventure and treasure.

And so, it was on a warm summer's day that a group of intrepid explorers set out to unravel the secrets of Montagne Noire. Among them was a young woman named Sophie, with fiery red hair and a spirit as bold as the mountains themselves.

Sophie had heard tales of the castle's hidden treasures, whispered by the villagers in hushed tones around flickering fires. She was determined to uncover the truth, to unlock the secrets that lay buried beneath the castle's ancient stones.

With her trusty map in hand, Sophie led her companions through the dense forest that surrounded the castle, their footsteps muffled by the soft carpet of pine needles beneath their feet. As they neared the castle walls, Sophie's heart quickened with excitement, her pulse thrumming in her ears.

The castle loomed before them, its dark silhouette standing stark against the azure sky. But Sophie was undeterred. With a steely determination, she led her companions through the crumbling gatehouse and into the heart of the castle itself.

The interior was a maze of winding corridors and hidden chambers, each more treacherous than the last. But Sophie pressed on, her eyes scanning the shadows for any sign of the treasures that lay hidden within.

As they explored the castle, Sophie and her companions encountered many obstacles—a locked door here, a collapsed staircase there. But nothing could dampen their spirits or quench their thirst for adventure.

And then, just as they were beginning to lose hope, they stumbled upon a hidden chamber concealed behind a crumbling wall. It was a small room, filled with cobwebs and dust, but at its center stood a stone pedestal, upon which rested a gleaming treasure chest.

With trembling hands, Sophie approached the chest and lifted its lid, revealing a glittering array of jewels and gold. It was more treasure than she had ever imagined, enough to make her wildest dreams come true.

But as Sophie reached out to claim her prize, a voice echoed through the chamber—a voice from the past, speaking words of warning and despair. "Beware, young traveler," the voice whispered, its words echoing off the stone walls. "For with great treasure comes great danger. The secrets of Montagne Noire are not to be trifled with, lest you unleash forces beyond your control."

Sophie hesitated, her hand hovering over the treasure chest. She knew that the voice spoke the truth—that the treasures of Montagne Noire came with a price. But the lure of wealth and power was too strong to resist.

And so, with a determined glint in her eye, Sophie reached into the treasure chest and began to fill her pockets with jewels and gold. Her companions watched in awe as she gathered the riches, their eyes wide with greed and anticipation.

But as Sophie turned to leave the chamber, a rumble echoed through the castle walls, shaking the ground beneath their feet. And then, with a deafening roar, the castle began to crumble around them, its ancient foundations unable to withstand the weight of their greed.

In a panic, Sophie and her companions raced through the crumbling corridors, dodging falling debris and leaping over chasms that yawned open before them. But as they reached the safety of the castle gates, a final tremor rocked the ground, sending Sophie tumbling to the ground. As she lay there, bruised and battered, Sophie realized the folly of her actions. The treasures of Montagne Noire were not meant to be plundered—they were meant to be protected, to remain hidden from the prying eyes of those who sought to exploit them for their own gain.

With a heavy heart, Sophie gathered her companions and fled from the crumbling castle, vowing to never return to its cursed halls again. And as they made their way back through the forest, the echoes of the past whispered in their ears, a reminder of the dangers that lurked in the shadows of Montagne Noire.

La Fille du Marchand de Fleurs

Au cœur d'une place de marché animée, au cœur de Paris, se dressait un étal de fleurs orné de fleurs de toutes les couleurs imaginables. Il était tenu par une femme au cœur généreux nommée Marie, qui avait hérité de l'étal de sa mère, une vendeuse de fleurs renommée décédée il y a de nombreuses années.

Les journées de Marie étaient consacrées à s'occuper des fleurs, leurs pétales parfumés une symphonie de couleurs qui dansaient au soleil. Elle se levait avant l'aube pour sélectionner les fleurs les plus fraîches du marché aux fleurs, les arrangeant soigneusement en de magnifiques bouquets qu'elle vendait aux passants avec un sourire et un mot gentil.

Mais parmi l'agitation de la place de marché, les pensées de Marie se tournaient souvent vers sa fille, Amélie. Amélie était la lumière de la vie de Marie, une jeune fille pleine de vie avec un amour pour l'aventure et un cœur aussi sauvage que les fleurs elles-mêmes.

Depuis son plus jeune âge, Amélie avait montré un talent pour l'arrangement floral, ses doigts agiles tissant des motifs complexes qui semblaient capturer l'essence de chaque fleur. Il n'était donc pas surprenant qu'elle ait annoncé son intention de suivre les traces de sa mère et de devenir elle-même une vendeuse de fleurs.

Marie était ravie à l'idée de partager sa passion avec sa fille, et ensemble, elles passaient d'innombrables heures à s'occuper des fleurs et à apprendre l'art de l'arrangement floral. Mais au fil des ans, alors qu'Amélie devenait une jeune femme, Marie commença à s'inquiéter pour l'avenir de sa fille.

Vous voyez, Amélie n'était pas satisfaite de passer ses journées derrière un étal de fleurs, peu importe à quel point elle aimait les fleurs. Elle aspirait à quelque chose de plus, une vie d'aventure et d'excitation, bien au-delà des limites de la place de marché.

Et ainsi, un jour, alors que Marie arrangeait des bouquets pour la vente du jour, Amélie s'approcha d'elle avec un regard déterminé.

"Mère," dit-elle, sa voix ferme mais douce, "j'ai pris une décision. Je vais quitter Paris et voyager dans le monde entier, pour découvrir de nouvelles expériences et me faire un nom."

Le cœur de Marie se serra à la pensée du départ de sa fille, mais elle savait qu'elle ne pouvait pas se mettre en travers des rêves d'Amélie.

"Va, ma chère," dit-elle, sa voix emplie d'amour et de fierté. "Suis ton cœur et poursuis tes rêves. Et souviens-toi, peu importe où la vie te mènera, tu auras toujours une maison ici avec moi."

Les larmes aux yeux, Marie regarda Amélie faire ses bagages et partir dans le monde, son esprit aussi libre que les oiseaux qui volaient haut au-dessus des toits de Paris.

Pendant des années, Marie s'occupa de son étal de fleurs, son cœur lourd de nostalgie pour le retour de sa fille. Mais malgré sa tristesse, elle trouva du réconfort dans la beauté des fleurs et les souvenirs du temps qu'elles avaient partagé ensemble.

Et puis, un jour, alors que Marie arrangeait des bouquets pour le marché, elle entendit une voix familière l'appeler parmi la foule.

"Mère, c'est moi!" cria la voix, emplie de joie et d'excitation.

Le cœur de Marie fit un bond lorsqu'elle se retourna pour voir sa fille Amélie se tenir devant elle, les yeux brillants de bonheur.

"Amélie, ma chère!" s'exclama Marie, se précipitant pour embrasser sa fille. "Tu es revenue vers moi!"

Amélie sourit en serrant sa mère dans ses bras, ses joues rougies par l'excitation.

"Oui, Mère," dit-elle, sa voix emplie de chaleur. "J'ai voyagé loin et large, vu des choses incroyables et rencontré des gens merveilleux. Mais peu importe où je suis allée, mes pensées se sont toujours tournées vers toi et les fleurs que nous partageons."

Les larmes montèrent aux yeux de Marie en écoutant les paroles de sa fille, son cœur débordant d'amour et de gratitude.

"Bienvenue chez toi, ma chère," murmura-t-elle, sa voix étouffée par l'émotion. "Bienvenue chez toi."

47

The Flower Seller's Daughter

In a bustling market square in the heart of Paris, there stood a flower stall adorned with blooms of every color imaginable. It was run by a kind-hearted woman named Marie, who had inherited the stall from her mother, a renowned flower seller who had passed away many years ago.

Marie's days were spent tending to the flowers, their fragrant petals a symphony of colors that danced in the sunlight. She would rise before dawn to select the freshest blooms from the flower market, carefully arranging them into beautiful bouquets that she sold to passersby with a smile and a kind word.

But amidst the hustle and bustle of the market, Marie's thoughts often wandered to her daughter, Amélie. Amélie was the light of Marie's life, a spirited young girl with a love for adventure and a heart as wild as the flowers themselves.

From a young age, Amélie had shown a talent for arranging flowers, her nimble fingers weaving intricate patterns that seemed to capture the essence of each bloom. And so, it was no surprise when she announced her intention to follow in her mother's footsteps and become a flower seller herself.

Marie was overjoyed at the thought of sharing her passion with her daughter, and together they spent countless hours tending to the flowers and learning the art of floral arrangement. But as the years passed and Amélie grew into a young woman, Marie began to worry about her daughter's future.

You see, Amélie was not content to spend her days behind a flower stall, no matter how much she loved the blooms. She longed for something more—a life of adventure and excitement, far beyond the confines of the market square.

And so, one day, as Marie was arranging bouquets for the day's sale, Amélie approached her with a determined look in her eye.

"Mother," she said, her voice firm but gentle, "I have made a decision. I am going to leave Paris and travel the world, to seek out new experiences and make a name for myself."

Marie's heart sank at the thought of her daughter leaving, but she knew that she could not stand in the way of Amélie's dreams.

"Go, my dear," she said, her voice filled with love and pride. "Follow your heart and chase your dreams. And remember, no matter where life may take you, you will always have a home here with me."

With tears in her eyes, Marie watched as Amélie packed her bags and set off into the world, her spirit as free as the birds that soared high above the rooftops of Paris.

For years, Marie tended to her flower stall, her heart heavy with longing for her daughter's return. But despite her sadness, she found solace in the beauty of the flowers and the memories of the time they had shared together.

And then, one day, as Marie was arranging bouquets for the market, she heard a familiar voice calling out to her from the crowd.

"Mother, it's me!" the voice cried, filled with joy and excitement.

Marie's heart skipped a beat as she turned to see her daughter Amélie standing before her, her eyes shining with happiness.

"Amélie, my dear!" Marie exclaimed, rushing forward to embrace her daughter. "You've come back to me!"

Amélie smiled as she hugged her mother tightly, her cheeks flushed with excitement.

"Yes, Mother," she said, her voice filled with warmth. "I have traveled far and wide, seen amazing sights and met wonderful people. But no matter where I went, my thoughts always turned to you and the flowers we shared."

Tears welled up in Marie's eyes as she listened to her daughter's words, her heart overflowing with love and gratitude.

"Welcome home, my dear," she whispered, her voice choked with emotion. "Welcome home."

51

Le Nouveau Parapluie

Dans un charmant village niché au cœur de la campagne française, vivait une jeune femme nommée Juliette. Juliette était connue pour sa disposition enjouée et son amour pour l'exploration du monde qui l'entourait, qu'il pleuve ou qu'il fasse beau. Mais il y avait une chose qui semblait toujours ternir ses aventures : le manque d'un parapluie fiable.

Vous voyez, Juliette possédait le même vieux parapluie depuis aussi longtemps qu'elle s'en souvenait. Il était d'un bleu délavé, avec une poignée usée et craquelée par des années d'utilisation. Et même s'il lui avait bien servi par le passé, il n'était pas à la hauteur des averses soudaines et des vents violents qui balayaient souvent le village.

Mais Juliette refusait de laisser son vieux parapluie lui barrer la route. Déterminée à trouver un remplaçant, elle partit un matin explorer les magasins locaux à la recherche du parapluie parfait.

Sa première étape fut la boutique générale de Monsieur Henri, une petite boutique confortable remplie de toutes sortes de choses. Monsieur Henri accueillit Juliette avec un sourire chaleureux lorsqu'elle entra dans le magasin, ses yeux parcourant les étagères à la recherche de parapluies.

"Bonjour, Juliette !" dit Monsieur Henri avec enthousiasme. "Que t'amène dans ma modeste boutique aujourd'hui ?"

"Je cherche un nouveau parapluie", répondit Juliette, sa voix empreinte d'excitation. "Un qui puisse résister même aux tempêtes les plus violentes."

Monsieur Henri hocha la tête avec compréhension et conduisit Juliette dans un coin du magasin où une collection de parapluies était exposée. Il y avait des parapluies de toutes tailles et de toutes les couleurs imaginables, des parapluies noirs élégants aux parapluies jaunes vifs ornés de motifs joyeux.

Mais un parapluie en particulier attira le regard de Juliette : un parapluie rouge vif avec une poignée en bois solide et un auvent assez grand pour la protéger de la pluie.

"Il est parfait !" s'exclama Juliette, les yeux pétillants de joie. "Je le prends !"

Monsieur Henri sourit et enveloppa le parapluie dans du papier brun, le tendant à Juliette avec un geste théâtral.

"Qu'il te garde au sec dans toutes tes aventures, ma chère", dit-il, sa voix empreinte de chaleur.

Avec son nouveau parapluie en main, Juliette se mit en route dans le village, le cœur léger d'anticipation pour les aventures à venir.

Alors qu'elle déambulait dans les rues pavées, Juliette ne put s'empêcher de remarquer comment les villageois se tournaient pour admirer son nouveau parapluie. Il semblait égayer même les jours les plus maussades, projetant une lueur chaleureuse partout où elle allait.

Mais le vrai test de Juliette vint lorsqu'une averse soudaine balaya le village, la prenant au dépourvu alors qu'elle rentrait du marché. Avec un sourire, elle ouvrit son nouveau parapluie et le tint haut, sentant la douce chute des gouttes de pluie contre son auvent.

À sa grande joie, le parapluie tint bon contre le vent et la pluie, abritant Juliette des éléments alors qu'elle rentrait chez elle. Et alors qu'elle marchait, elle ne put s'empêcher de ressentir une gratitude pour son nouveau parapluie et les aventures qu'il lui apporterait.

À partir de ce jour-là, le nouveau parapluie de Juliette devint son compagnon constant, l'accompagnant dans toutes ses voyages et aventures. Et alors qu'elle explorait le monde qui l'entourait, elle savait qu'avec son fidèle parapluie à ses côtés, il n'y avait aucune tempête qu'elle ne pourrait affronter, aucun obstacle qu'elle ne pourrait surmonter.

Car voyez-vous, parfois, il suffit d'un simple parapluie pour apporter un peu de soleil dans nos vies, pour égayer même les jours les plus sombres et nous rappeler qu'il y a toujours un rayon de soleil qui nous attend juste au coin de la rue.

The New Umbrella

In a quaint village nestled in the French countryside, there lived a young woman named Juliette. Juliette was known for her sunny disposition and her love for exploring the world around her, rain or shine. But there was one thing that always seemed to put a damper on her adventures—the lack of a reliable umbrella.

You see, Juliette had owned the same old umbrella for as long as she could remember. It was a faded blue color, with a handle that was worn and cracked from years of use. And while it had served her well in the past, it was no match for the sudden downpours and gusty winds that often swept through the village.

But Juliette refused to let her old umbrella hold her back. Determined to find a replacement, she set out one morning to explore the local shops in search of the perfect umbrella.

Her first stop was Monsieur Henri's general store, a cozy little shop filled with all manner of odds and ends. Monsieur Henri greeted Juliette with a warm smile as she entered the store, her eyes scanning the shelves in search of umbrellas.

"Bonjour, Juliette!" Monsieur Henri said cheerfully. "What brings you to my humble shop today?"

"I'm looking for a new umbrella," Juliette replied, her voice tinged with excitement. "One that can withstand even the fiercest of storms."

Monsieur Henri nodded knowingly and led Juliette to a corner of the store where a collection of umbrellas were displayed. There were umbrellas of every size and color imaginable, from sleek black ones to bright yellow ones adorned with cheerful patterns.

But one umbrella in particular caught Juliette's eye—a vibrant red umbrella with a sturdy wooden handle and a canopy large enough to shelter her from the rain.

"It's perfect!" Juliette exclaimed, her eyes sparkling with delight. "I'll take it!"

Monsieur Henri smiled and wrapped the umbrella in brown paper, handing it to Juliette with a flourish.

"May it keep you dry on all your adventures, my dear," he said, his voice filled with warmth.

With her new umbrella in hand, Juliette set off into the village, her heart light with anticipation for the adventures that lay ahead.

As she strolled through the cobblestone streets, Juliette couldn't help but notice how the villagers turned to admire her new umbrella. It seemed to brighten even the dreariest of days, casting a warm glow wherever she went.

But Juliette's true test came when a sudden rain shower swept through the village, catching her off guard as she made her way home from the market. With a smile, she opened her new umbrella and held it aloft, feeling the gentle patter of raindrops against its canopy.

To her delight, the umbrella held strong against the wind and rain, sheltering Juliette from the elements as she made her way home. And as she walked, she couldn't help but feel a sense of gratitude for her new umbrella and the adventures it would bring.

From that day on, Juliette's new umbrella became her constant companion, accompanying her on all of her journeys and adventures. And as she explored the world around her, she knew that with her trusty umbrella by her side, there was no storm she couldn't weather, no obstacle she couldn't overcome.

For you see, sometimes all it takes is a simple umbrella to bring a little sunshine into our lives, to brighten even the darkest of days and remind us that there's always a silver lining waiting just around the corner.

Marseille

Le soleil se levait sur Marseille, projetant une teinte dorée sur la ville portuaire animée. Les mouettes piquaient et criaient tandis que les bateaux de pêche se balançaient paresseusement dans le port, leurs filets lourds de la prise du jour. L'air était épais du parfum du sel et des algues, se mêlant à l'arôme alléchant du pain fraîchement cuit qui s'échappait des boulangeries voisines.

Dans un petit appartement donnant sur le port, Jacques était assis à sa table de cuisine, sirotant un café noir corsé et observant le monde s'animer en bas. C'était un homme de peu de mots, le visage marqué par des années passées en mer, mais ses yeux scintillaient d'une intensité tranquille qui contredisait son calme apparent.

Jacques avait passé toute sa vie à Marseille, gagnant sa vie comme pêcheur comme son père et son grand-père avant lui. C'était une vie difficile, remplie de longues journées passées sur l'eau et de nuits sans sommeil à affronter les tempêtes, mais Jacques n'aurait pas voulu autre chose. Marseille était dans son sang, circulant dans ses veines comme l'eau salée qui entourait la ville.

Alors que Jacques finissait son café, il entendit frapper à la porte. Avec un grognement, il se leva de sa chaise et se dirigea pour ouvrir, ses pas résonnant dans l'appartement vide.

Sur le pas de la porte se tenait Marie, la voisine de Jacques et sa plus proche amie. C'était une femme d'un certain âge, avec des cheveux argentés tirés en arrière dans un chignon serré et un visage marqué par des années de rires et de larmes.

"Bonjour, Jacques," dit Marie avec un sourire chaleureux. "Je me suis dit que je passerais te voir pour savoir si tu voulais te joindre à moi pour une promenade le long du front de mer. L'air marin fait toujours des merveilles pour l'âme."

Jacques acquiesça d'un signe de tête, esquissant un léger sourire. Il n'avait pas réalisé à quel point Marie lui manquait, avec le son de son rire et la présence réconfortante de sa compagnie.

Ensemble, Jacques et Marie descendirent vers le front de mer, leurs pas résonnant sur les rues pavées. Le soleil leur chauffait la peau et les remplissait d'un sentiment de contentement que seul Marseille pouvait procurer.

Alors qu'ils marchaient, ils croisèrent des pêcheurs réparant leurs filets et des enfants jouant sur les places. Ils s'arrêtèrent pour admirer les bateaux colorés se balançant dans le port et les rangées de cafés longeant le front de mer, leurs tables débordant sur le trottoir.

Finalement, ils atteignirent un endroit isolé surplombant la mer, où ils s'assirent sur un banc et regardèrent les vagues se briser contre les rochers en contrebas. L'air était rempli du son des mouettes et du bourdonnement lointain de la circulation, une symphonie de vie qui emplit le cœur de Jacques d'un sentiment de paix.

Pendant un moment, ils restèrent silencieux, contents de simplement regarder le monde passer. Mais alors, Marie se tourna vers Jacques avec une lueur malicieuse dans les yeux.

"Tu sais, Jacques," dit-elle, sa voix taquine, "j'ai toujours pensé qu'il manquait quelque chose dans ta vie."

Jacques haussa un sourcil, curieux d'entendre ce que Marie avait à dire.

"Que veux-tu dire ?" demanda-t-il, sa voix rauque mais curieuse.

"Je veux dire," répondit Marie avec un sourire en coin, "qu'il est peut-être temps pour toi de trouver quelqu'un de spécial avec qui partager ta vie. Quelqu'un qui comprend la mer aussi bien que toi et qui apprécie les plaisirs simples de la vie à Marseille."

Jacques ressentit une pointe de désir profond dans sa poitrine, un désir de compagnie qu'il avait longtemps ignoré. Il avait toujours été content de naviguer seul, mais maintenant, assis ici avec Marie à ses côtés, il ne put s'empêcher de ressentir un brin d'espoir s'allumer en lui.

"Tu as peut-être raison, Marie," dit-il doucement, sa voix empreinte d'émotion. "Il est peut-être temps pour moi d'ouvrir mon cœur à la possibilité de l'amour."

Sur ces mots, Jacques et Marie restèrent silencieux une fois de plus, regardant le soleil se coucher derrière l'horizon et les étoiles scintiller au-dessus. Et alors qu'ils étaient assis là, baignés par la lueur chaude de la lumière déclinante, Jacques ne put s'empêcher de ressentir un sentiment de gratitude pour la beauté de Marseille et les possibilités infinies qui s'offraient à lui.

Marseille

The sun rose over Marseille, casting a golden hue over the bustling port city. Seagulls swooped and cried as fishing boats bobbed lazily in the harbor, their nets heavy with the day's catch. The air was thick with the scent of salt and seaweed, mingling with the tantalizing aroma of freshly baked bread wafting from the nearby bakeries.

In a small apartment overlooking the harbor, Jacques sat at his kitchen table, sipping strong black coffee and watching the world come to life below. He was a man of few words, his face weathered from years spent at sea, but his eyes sparkled with a quiet intensity that belied his calm demeanor.

Jacques had spent his entire life in Marseille, earning a living as a fisherman like his father and his father before him. It was a hard life, filled with long days spent on the open water and sleepless nights weathering storms, but Jacques wouldn't have it any other way. Marseille was in his blood, coursing through his veins like the saltwater that surrounded the city.

As Jacques finished his coffee, he heard a knock at the door. With a grunt, he rose from his chair and made his way to answer it, his footsteps echoing in the empty apartment.

Standing on the doorstep was Marie, Jacques' neighbor and closest friend. She was a woman of a certain age, with silver hair pulled back in a tight bun and a face weathered by years of laughter and tears.

"Bonjour, Jacques," Marie said with a warm smile. "I thought I'd stop by and see if you wanted to join me for a walk along the waterfront. The sea air always does wonders for the soul."

Jacques nodded in agreement, his lips curling into a faint smile. He hadn't realized how much he missed the sound of Marie's laughter and the comforting presence of her company.

Together, Jacques and Marie made their way down to the waterfront, their footsteps echoing on the cobblestone streets. The sun beat down on them, warming their skin and filling them with a sense of contentment that only Marseille could provide.

As they walked, they passed fishermen mending their nets and children playing games in the squares. They stopped to admire the colorful boats bobbing in the harbor and the rows of cafés lining the waterfront, their tables spilling out onto the sidewalk.

Eventually, they reached a secluded spot overlooking the sea, where they sat down on a bench and watched the waves crash against the rocks below. The air was alive with the sound of seagulls and the distant hum of traffic, a symphony of life that filled Jacques' heart with a sense of peace.

For a while, they sat in silence, content to simply watch the world go by. But then, Marie turned to Jacques with a mischievous glint in her eye.

"You know, Jacques," she said, her voice teasing, "I've always thought there was something missing in your life."

Jacques raised an eyebrow, curious to hear what Marie had to say.

"What do you mean?" he asked, his voice gruff but curious.

"I mean," Marie replied with a sly smile, "that perhaps it's time for you to find someone special to share your life with. Someone who understands the sea as well as you do and who appreciates the simple pleasures of life in Marseille."

Jacques felt a pang of longing deep in his chest, a yearning for companionship that he had long ignored. He had always been content to sail the seas alone, but now, sitting here with Marie by his side, he couldn't help but feel a flicker of hope ignite within him.

"You may be right, Marie," he said quietly, his voice tinged with emotion. "Perhaps it's time for me to open my heart to the possibility of love."

With that, Jacques and Marie sat in silence once more, watching the sun sink below the horizon and the stars twinkle into life above. And as they sat there, bathed in the warm glow of the fading light, Jacques couldn't help but feel a sense of gratitude for the beauty of Marseille and the endless possibilities that lay ahead.

63